AF246010

NOTICE

SUR LA

CARTE MINEROGRAPHIQUE

DU

PORTUGAL

LISBONNE

IMPRIMERIE DU DIARIO DE PORTUGAL — RUA DO NORTE — 145

1878

Carte minérographique exécutée
sous la direction du département des Mines, au Ministère
des Travaux Publics, du Commerce
et de l'Industrie

Le but de la carte est de représenter principalement la constitution minéralogique du sol sous le point de vue de son application aux mines, à l'hydrologie minérale, aux constructions, aux industries et aux arts, à l'agriculture et à l'archéologie préhistorique.

On devait tout d'abord procéder à la délimitation des diverses formations de roches, en prenant pour base la carte chorographique du pays.

On ne présente ce travail, dont les difficultés sont généralement connues, que comme un simple essai pour lequel on n'a pû disposer que de quelques mois.

On a représenté les superficies de terrain concédé pour les mines demandées, ainsi que les gîtes, qui, quoique non concédés, sont déjà connus. Par ce moyen, on pourra se faire une idée assez juste de la distribution des champs métallifères suivant leur nature et saisir d'une manière générale les rapports qu'ils peuvent avoir entre eux.

On a pris pour point de départ les feuilles n.º 26 et n.º 32 de la carte chorographique. On a levé les points du contour de chaque formation en se rapportant aux pyramides géodésiques, ou, au besoin, à des points et des lignes auxiliaires.

On a cueilli des échantillons des roches typiques de chaque formation, et on a réduit en lames microscopiques la plupart de ces roches pour servir à une étude ultérieure qui aura pour base les travaux déjà faits, et ceux qu'on se propose de faire.

Ces études feront l'objet de mémoires descriptifs de chaque contrée.

On a le project de diviser le service de la carte minérographique en trois sections se rapportant chacune à une étendue déterminée de terrain.

Ainsi la section septentrionale comprendra l'espace limité au Nord par la frontière espagnole et au Sud par le fleuve Douro; la section centrale se rapportera au terrain compris entre ce fleuve et le Tage; la section du Sud s'occupera du terrain compris entre ce fleuve et la limite méridionale du royaume. Les ingénieurs et leurs auxiliaires, formant le personnel indispensable de chacune de ces sections, chargés d'éxécuter la carte minérographique, s'occuperont spécialement de l'étude des gîtes m'néraux surtout des gîtes métallifères, des eaux minérales, enfin de tous les matériaux utiles dont s'occupe la minéralogie, au point de vue de leur composition, de leurs caractères les plus importants et de leurs diverses applications.

Ce n'est qu'après l'installation définitive du personnel indispensable, qu'on pourra développer suffisamment l'étude de chaque contrée et se livrer à des investigations assez minutieuses, tant sur les minerais métallifères que sur les autres minéraux utiles. Nous croyons utile de faire accompagner les deux feuilles coloriées de quelques remarques générales qui puissent fournir des renseignements sur la position géognostique des principales formations, ainsi que d'un tableau des localités auxquelles elles se rapportent.

Il faut encore remarquer que les roches comprises sous une seule désignation, tels que schistes silicieux, argileux, etc, devront, après une étude ultérieure, être délimitées suivant leur nature minéralogique et marquées par des conventions spéciales en adoptant principalement celles de la carte géologique de la France.

Observations générales sur les terrains qui se rapportent aux feuilles n.ºs 26 et 32 de la carte chorographique

TERRAIN DIORITIQUE

On trouve assez fréquemment, dans la province d'Alemtejo, la diorite sur une surface très étendue. En se rapportant à la feuille 32, on trouve les diorites tant au nord qu'au sud de la région porphyrique de Béja et d'Alvito.

La zone dioritique, qui contourne les porphyres du coté du sud, s'étend depuis Odivellas et Ferreira jusqu'à Serpa, en passant par Béja, et elle est bornée au nord par les porphyres et au sud par les schistes argileux-micacés.

A l'est de Serpa, les diorites se terminent au contact des granites de Pias et d'Aldéa do Pinto, et ce n'est qu'à Aldéa Nova qu'on découvre un petit lambeau dioritique entre les granites et les schistes voisins, couvert sur quelques points par un terrain détritique silicieux. A l'ouest, les diorites plongent sous le sol détritique et le calcaire lacustre.

A l'est et à l'ouest de Bêja, les diorites sont en partie recouvertes par les terrains sédimentaires anciens, qui semblent avoir été levés et altérés profondément. A Serpa, les roches sédimentaires, se composant principalement de calcaires et de schistes, ont été également soulevées et métamorphosées.

Ces rɩches ont généralement la structure orbiculaire et se décomposent très facilement; la décomposition ayant lieu par couches concentriques. On a remarqué que, dans les couches extérieures, la roche est trés riche en mica, tandis que, dans le noyau central, on ne trouve que de l'amphibole.

Ces diorites contiennent accidentellement du quartz, surtout au contact des granites et des porphyres. Elles contiennent aussi en plusieurs endroits de la pyrite de fer, et de la magnétite.

La zône dioritique reconnue au nord de la région porphyrique présente les mêmes caractères qu'on a remarqués pour celle du Sud avec cette différence que, dans la première, le mica apparait plus fréquemment.

Dans la feuille n.º 26 les diorites se trouvent prés d'Elvas et prés de Campo Maior; les premières étant entourées et couvertes, en grande partie, par le calcaire cristallin, et les secondes par les schistes.

Toutes ces roches donnent, par leur décomposition, de l'argile qui est employée, en plusieurs endroits, à la fabrication des produits céramiques.

Les échantillons qui se rapportent à cette zone sont les suivants: (le signe ⨯ placé prés du numéro, indique la roche qui contient de la magnétite.

Feuille n.º 26

N.º   1—1 kilomètre au S. de Cabecinha de Lebre.
N.º   8—1:600 mètres au S. d'Adães sur la route d'Adães à Campo Maior.
N.º   9—700 mètres à l'O. NO. de Horta da Torre.
N.º 10—1:500 mètres au SE. de Degolados, sur la route de Campo Maior.
N.º 14—800 mètres du moulin de Sobrados près de Monte Rico.
N.º 19—2,5 kilomètres á l'E. NE. de Campo Maior.
N.º 20 ⨯ —Sêrro de Zebro—sur la route d'Adães.
N.º 46—300 mètres de Charruada de Baixo, sur la route qui méne aux propriétés de Charruadas.
N.º 51—60,ᵐ SE. de la pyramide géodésique de Villa Cova.
N.º 124—Sud de Freixial.
N.º 131—Sur le croisement des routes près de la chapelle de Nossa Senhora da Piedade.

Feuille n.º 32

N.º 53—Près de Loizandas (environs d'Alvito).
N.º 67 ⨯ —Mine d'Odivellas.
N.º 70 ⨯ —1:000 mètres à l'E. de Covas Ruivas.

N.º 78 — 600 mètres à l'E. SE. de Mak Abran de Baixo.
N.º 84—700 mètres à l'E. de Zambujal.
N.º 91—Sur la route d'Alvito à 400 mètres de la station du chemin
de fer.
N.º 113—A l'E. de Mombeja.
N.º 145—Près de Maria da Guarda.
N.º 163—250 mètres à l'O. de la pyramide géodésique de Pexoto.
N.º 169—250 mètres au N. da Foz.
N.º 170—700 mètres à l'O. de Retorta de Telles.
N.º 172—250 mètres à l'E. de Horta do Crespo.
N.º 176—1:500 mètres au SE. de Defeza.

TERRAIN PORPHYRIQUE

Les porphyres sont, en général, composés d'une pâte rouge avec des cristaux blancs et rougeâtres. La grandeur de ces cristaux, excessivement variable, ne dépasse presque jamais 1 à 2 millimètres. Ce n'est que dans des cas très rares qu'ils atteignent 20 millimètres. La couleur rouge, est celle qui prédomine dans ces roches, mais il y en a, surtout au contact des diorites, qui présentent une couleur de gris foncé avec des cristaux blancs de feldspath. Souvent, les cristaux sont tellement petits que la roche paraît n'être composée que d'une pâte homogène.

Outre les porphyres avec des cristaux blancs de feldspath, on trouve—surtout au contact des diorites—ces roches contenant, avec les cristaux de feldspath, des cristaux d'amphibole noire, implantés dans une pâte en général grisâtre ou, plus rarement, rouge. La région des porphyres dans la province de l'Alemtejo a une longueur d'environ 350 kilomètres et une largeur variable ne dépassant jamais 50 kilomètres.

Ces porphyres, postérieurs aux schistes argileux-micacés environnants, semblent plus anciens que les diorites, au contact desquelles ils se confondent avec ces dernières roches au point de rendre très difficile, ou presque impossible, leur délimitation. Les échantillons qui se rapportent à cette zone sont les suivants: (le signe * placé près de chaque numéro, sert à désigner celles de ces roches qui contiennent de la magnétite).

Feuille n.º 32

N.º 62—près du moulin de Tojáes (environs de Ferreira).
N.º 71—1:300 mètres au N. NO. de la pyramide géodésique de Carrascosa (environs d'Alvito).
N.º 73 * —à 1:000 mètres au S. 70° E. de la ferme de Bolarina—près de l'affluent de la rivière d'Odivellas.
N.º 74—Idem.
N.º 76—entre le ruisseau de la ferme de Patos et celui de la ferme de Maroteira, près de leur jonction.
N.º 77—400 mètres au SE. de la ferme de Bolarina.
N.º 79—800 mètres de la maison de garde du chemin de fer—près de la ferme de Malk Abran.
N.º 80—600 mètres à l'E. SE. de la ferme de Malk Abran de Baixo.

N.º 88—Moulin d'Azinheira—4,5 kilomètres au SO. d'Alvito.
N.º 89—près du moulin de Fragosa.
N.º 90—1 kilomètre au SO. du convent de S. Francisco.
N.º 92—au S. de la station du chemin de fer d'Alvito.
N.º 96—1:500 mètres du village de Cuba, sur la route de Villa Alva.
N.º 99—entre la rivière d'Odivellas et son affluent principal.
N.º 100 *—près de l'endroit où l'on a cueilli les échantillons 73 e 75.
N.º 166—près de la ferme d'Alpendre, à la jonction des ruisseaux.
N.º 181—600 mètres au NO. de Valverde.
N.º 186—300 mètres de la pyramide géodésique de Pisões (environs de
            Trigaches).
N.º 187—400 mètres au S. de la ferme Camada.

TERRAIN GRANITIQUE

Les granites qui se rapportent à la feuille n.º 32 se présentent en
masses isolées près de Vidigueira, S. Pedro de Pomares, Pedrogão, Pias
et Aldéa do Pinto.

Ces roches présentent l'aspect d'un granite ordinaire, contenant le
mica blanc et le mica noir.

Les granites au contact des diorites, près de Serpa et Aldéa Nova,
perdent peu à peu leur mica jusqu'à ce qu'il disparaisse presque comple-
tement, et le grain de la roche devient plus fin. Aux environs d'Aldéa
Nova le granite au contact des diorites contient de l'amphibole.

Dans la feuille n.º 26, le granite s'étend depuis la ville d'Arronches
jusqu'à S. Vicente, en passant près de Campo Maior. Aux environs d'Elvas on ne trouve qu'une petite zone granitique.

Au contact des schistes, le granite devient tourmalinifère. A S. Bartholomeu même, il est réduit à une roche composée seulement de quartz
et de tourmaline.

Les échantillons qui se rapportent à ces terrains sont les suivants:

Feuille n.º 26

N.º 17—500 mètres au N. de S. Pedro.
N.º 18—2 kilomètres au NE. de Campo Maior.
N.º 25—près de la pyramide géodésique de Escaninhos.
N.º 29—près de Santa Eulalia.
N.º 30—près de S. Bartholomeu.
N.º 43—400 mètres de Quinta de S. João, sur la route d'Elvas à
            S. Vicente.
N.º 48—mètres au N. 76 E. da Quinta de S. João.
N.º 142—près de la Ferme de Gramine.

Feuille n.º 32

N.º 03—près du moulin de Pavão (environs d'Alvito).
N.º 167—près de la ferme de Pereiros de Cima, sur la route d'Aldéa
            Nova.

N.º 180—1:300 mètres au NE. de la pyramide géodésique de Malhão.

GRANITE AMPHIBOLIFÈRE

Ce terrain n'occupe qu'une très petite étendue aux environs d'Alvito, près du contact des diorites et des porphyres. Son aspect général est très semblable à celui du granite; mais il contient souvent, outre les éléments de cette roche, de l'amphibole noire, se présentant, alors, comme une vraie syénite, surtout lorsque le mica disparait, ce qui arrive assez souvent dans cette région. Cette roche syénitique est peut être le résultat du métamorphisme exercé sur les granites par les diorites voisines.

L'échantillon qui se rapporte à ce terrain, relatif à la feuille n.º 32, est celui que porte le

N.º 65—1:200 mètres à l'O. de la pyramide géodésique de Carrascosa.

TERRAINS MÉTAMORPHIQUES

A la proximité des roches éruptives, les terrains sédimentaires qu'elles traversent ont subi un métamorphisme spécial. Les schistes micacés, en général très fragiles et très fissiles, se transforment au contact des diorites en schistes noirs, très durs, compactes, extrèmement riches en amphibole et devenant de vrais amphibolites.

Ce n'est pas là cependant le seul cas de métamorphisme. On trouve ainsi, en plusieurs endroits, au contact des porphyres et même des diorites, ou à petite distance de ces roches, quelquefois même au milieu des masses dioritiques, une roche blanchâtre, ou rosée, composée essentiellement de feldspath et de quartz, qui contient quelques fois de l'amphibole et du mica, et qui ne parait être que le produit du métamorphisme exercé par les terrains éruptifs désignés.

Les échantillons qui se rapportent à cette zone sont les suivants: (le signe * placé près du numéro désigne celles de ces roches qui contiennent de la magnétite.)

Feuille n.º 26

N.º   2 * —à la rivière près de la ferme de Cabecinha de Lebre.
N.º   6—100 mètres au S. de Cevadaes.
N.º   7—600 mètres à l'E. NE. de la ferme de Valle de Castello; sur la route d'Ouguella.
N.º 24—près de la ferme de Lancinha.
N.º 26—400 mètres de la route de Rasquilha sur la vallée de Fialha.
N.º 27—200 mètres au S. de la ferme de Surira; près de la vallée de Fialha.
N.º 28 * —200 mètres à l'O. NO. de la ferme de Figueira de Baixo.
N.º 40—400 mètres S. 60° O. de la ferme de Bispo.
N.º 41—300 mètres au N. 30° O. de la ferme de Mortaes.

Feuille n.° 32

N.° 59—200 mètres à l'O. de la pyramide géodésique de Carrascosa
(environs d'Alvito).
N.° 61—sur la route de Valle da Rosa à Peroguarda.
N.° 81—près de la ferme de Zambujal (environs d'Alvito).
N.° 82—300 mètres au N. de Zambujal.
N.° 98—A mi-chemin de Mombeja à Barremeiro.
N.° 102—à l'E. de Mombeja.
N.° 103—à l'O. de la ferme de Carmo Velho.
N.° 106—dans une tranchée du chemin de fer de Quintos, près du kilo-
mètre 158,4.
N.° 110—près de Senhora das Neves.
N.° 111—sur la vallée de Cardeira entre le chemin de fer et la ferme
de Carvalhal.
N.° 112—dans une tranchée du chemin de fer de Quintos, près du kilo-
mètre 158.
N.° 146—près de la ferme de Braciaes.
N.° 154—à l'E. de la ferme de Rangel.
N.° 155—à 400 mètres à l'O. de la ferme de Medeiros.
N.° 159—800 mètres au N. de la ferme de Pexoto.

CALCAIRE CRISTALLIN

Ce calcaire a toujours l'aspect saccharoïde ou l'aspect lamellaire.
Il occupe d'assez vastes étendues dans la feuille n.° 26.
Il est quelquefois grenatifère présentant parfois des cristaux assez
nets.
Le calcaire est très altéré au contact des diorites; il prend la teinte
verte et devient excessivement dur.
Dans la feuille n.° 32, le calcaire se présente en couches alternant
avec des schistes. Il prend alors la structure feuilletée rappelant celle du
schiste.
Ces couches atteignent assez d'épaisseur pour permettre l'exploitation d'un beau marbre servant à la construction et recevant un très beau
poli.
Les échantillons qui se rapportent à ce terrain sont les suivants:

Feuille n.° 26

N.° 44—sur la route d'Elvas à Santa Eulalia; près de Quinta do
Vedor.
N.° 120—près de la ferme de Lago.
N.° 121—100 mètres à l'O. de la ferme de Tapada de Penedo.
N.° 123—500 mètres au NO. de la station du chemin de fer d'Elvas.
N.° 125—près de Horta d'Alcamim.
N.° 127—sur la route de Villa Boim; près de la séparation de la route
de S. Braz.
N.° 129—à l'O. de Villa Boim.

N.º 133—près de la forteresse de Santa Luzia.
N.º 138—près de la ferme de Cavalleiros.
N.º 143—près de la forteresse de Santa Luzia.

Feuille n.º 32

N.º 37—100 mètres au S. de la pyramide géodésique de Mesquita.
N.º 64—à l'E. de la ferme de Covas Ruivas.
N.º 83—1 kilomètre à l'E de la ferme de Zambujal (environs d'Alvito).
N.º 85—1 kilomètre à l'O. d'Alvito, à gauche de la route de Villa
Nova.
N.º 86—1 kilomètre au SE. d'Alvito, à droite de la route qui mène à
la station du chemin de fer.
N.º 157—400 mètres à l'E. de la ferme de Moreira.
N.º 158—750 mètres au SO. de la pyramide géodésique de Guadalupe.
N.º 161—au S. de l'église de Nossa Senhora de Guadalupe.
N.º 173—850 mètres au SO. de la pyramide géodésique de Messangil.
N.º 175—à 800 mètres au SO. de la ferme de Pocinho da Motta.
N.º 178—500 mètres à l'E de la ferme de Ferraria.

CALCAIRE LACUSTRE

Ce terrain occupe de vastes étendues dans les deux feuilles n.º 26
et 32; il est très souvent recouvert par des terrains de détritus, consti-
tuant avec ce dernier le bassin tertiaire du Guadiana et une partie de
celui du Sado.

Le calcaire lacustre est toujours plus ou moins argileux, passant
quelquefois à l'état de véritable marne, très bonne comme amendement
pour les autres terrains. Parfois le calcaire devient très dur et englobe
des fragments de quartz. On s'en sert alors pour la fabrication des
meules.

Les échantillons qui se rapportent à ce terrain sont les suivants:

Feuille n.º 26

N.º 16—500 mètres à l'E. NE. de la ferme de Moura.

Feuille n.º 32

N.º 104—au SO. de la ferme de Gallega.
N.º 156—entre Margaleja et le chemin de Serpa à Pias.
N.º 182—500 mètres au N. de la ferme de Corte.

TERRAIN DE DETRITUS

Les dépôts de ce terrain, qu'on a rencontrés dans les bassins ter-
tiaires du Guadiana et du Sado, se composent de sables, de graviers, de

cailloux roulés d'assez grandes dimensions et de conglomerats composés de fragments de quartz et d'un ciment argilo calcaire.

L'échantillon qui se rapporte à ce terrain, relatif à la feuille n.º 32, c'est le

N.º 55—1:200 mètres à l'O. de Corte de Vicente Annes.

SCHISTES

La formation sédimentaire est composée de schistes et calcaires.

Les schistes argileux, silicieux ou micacés, sont altérés par métamorphisme général. Les schistes argilo-micacés, qui forment la plus grande partie du terrain sédimentaire, sont cristallins, fissiles et très ondulés et ont une stratification peu prononcée. Ils ont des couleurs tirant sur le clair et deviennent foncés et même noirs au contact des diorites; ils prennent une teinte rougeâtre au contact des porphyres.

Les échantillons qui se rapportent à cette zone sont les suivants : (le signe * placé devant chaque numéro désigne celles de ces roches qui contiennent de la magnétite).

Feuille n.º 26

N.º 12—200 mètres du pont sur le Caia sur la route de Campo Maior à Elvas.

N.º 21 *—près de la ferme de Martim Tavares.

N.º 118—à l'E. de Padrão.

N.º 135—près de la pyramide géodésique de Freixial.

Feuille n.ª 32

N.º 54—400 mètres au N. de la ferme de Corta Rabos (au sud d'Aljustrel).

N.º 56—⎫
N.º 57—⎬ mine do Paço (environs de Ferreira).
N.º 58—⎭

N.º 60—1:500 mètres au N. NE. de Laranginho (environs de Aljustrel).

N.º 63—au SO. de la ferme de Manteirinha (environs d'Aljustrel).

N.º 66—400 mètres à l'O. de la ferme de Valle de Narizes (environs d'Aljustrel).

N.º 68—200 mètres au NO. de Horta das Noras (environs d'Aljustrel).

N.º 69—600 mètres au S. 60° O. de la pyramide géodésique d'Aljustrel.

N.º 95—1 kilomètre à l'E. d'Alvito.

N.º 105—près de la ferme de Valle de Camellos.

N.º 114—environs de la mine de Julianna.

N.º 148—près de la ferme de Bemvenido.

N.º 150—près de la ferme de Lobo.

N.º 153—entre les deux vallées à l'E. de la ferme de Medeiros.

N.º 162—au S. de l'église de Nossa Senhora de Guadalupe.

N.º 164—250 mètres au S. de la ferme de Luiz Mendes.

N.º 174—800 mètres à l'O. de la ferme de Valle de Hervançes.

N.º 183—2 kilomètres au NO. de la pyramide géodésique de Furada
N.º 184—400 mètres au SE. de la pyramide géodésique de Magia.
N.º 185—2 kilomètres de la pyramide géodésique de Porcariça.

Mines

Les mines sont représentées sur la carte par les polygones qui limitent l'aire de leurs concessions.

Les minerais qui se rapportent aux concessions représentées dans la feuille n.º 32, sont des pyrites de fer cuprifères, des minerais de cuivre, de manganèse, de plomb et d'antimoine.

MINES DE PYRITES

Les pyrites se trouvent, toujours, en *amas*. Ces gîtes appartiennent à une bande métallifère très étendue, ayant une largeur de près de 30 kilomètres, avec la direction générale de N. 40º O. qui s'étend depuis *Castillo de las Guardias*, en Espagne, jusqu'à *Grandola* en Portugal, sur une longueur de près de 100 kilomètres.

Tous les dépôts de pyrites en amas, reconnus en Portugal et en Espagne, se trouvent compris dans cette bande.

Ces dépôts sont représentés en Portugal, par les mines de Chança, São Domingos, Aljustrel et Serra da Caveira. Ces gîtes ont les mêmes caractères et appartiennent à la même formation.

Ils ont la forme d'une masse lenticulaire subordonnée à la stratification des schistes. Leurs affleurements sont tout à fait caractéristiques et rien de plus facile que de reconnaître leur existence à la simple inspection de leurs caractères extérieurs.

Dans l'espace limité par les lignes qui doivent correspondre au toit et au mur des amas, on rencontre, sur le terrain, de gros blocs d'une roche d'aspect bréchiforme, formée par du fer oligiste, et des fragments de schiste; souvent les schistes se présentent excessivement quartzeux et deviennent des jaspes, colorés en rouge par de l'oxide de fer.

Dans les vallées adjacentes, on trouve souvent une roche jaunâtre qui est connue en Espagne sous le nom de *toba*; elle n'est qu'une brèche, composée de fragments de schistes et de gravier cimentés par des oxides de fer, provenant des eaux chargées de sulfate de fer qui sortent de la mine. Cette roche est tout à fait différente de celle qui correspond aux affleurements de l'amas.

Le terrain qui les couvre et qui enveloppe les gros blocs de schistes ferrugineux se trouve très décomposé, présentant une couleur d'un rouge très prononcé. Au contact, ou à petite distance de ces amas, on trouve, presque toujours, des porphyres, ou des schistes métamorphosés par ces roches éruptives.

Pour la découverte de ces amas, on est guidé, non seulement par les caractères qui viennent d'être décrits, mais aussi par les vestiges des travaux anciens et par les énormes masses de scories qu'on rencontre dans ces régions et dont on fait remonter l'origine aux temps de la domination romaine et phénicienne.

Ces gîtes, d'une étendue très variable, atteignent quelques fois des dimensions considérables.

Ainsi l'amas de São Domingos présente au niveau de 47 mètres au dessous de la surface, une longueur de 600 mètres et une largueur moyenne de 60 mètres.

A Aljustrel, on exploite deux de ces amas, l'un denominé de l'*Algares*, et l'autre de *São João do Deserto*.

Le premier présente une longueur de 13,20 au niveau de 56 mètres, et de 25, au niveau de 80 mètres; la longueur reconnue jusqu'à présent des travaux d'exploitation est de 280 mètres. L'amas de São João do Deserto embrasse une étendue de 470 mètres de longueur et de 5 à 34 mètres de largeur. Ces deux mines sont représentées dans la feuille n.° 32.

MINES DE MANGANÈSE

Les minerais de manganèse se trouvent encore en amas, comme les pyrites. Ces gisements accompagnent, aussi bien en Espagne que dans le Portugal, les amas pyriteux des deux pays, et ils occupent à peu près la même bande métallifère. Ils se présentent sous la forme de masses lenticulaires subordonnées à la stratification des schistes, dont la direction moyenne est N. 40° O. et dont l'inclinaison a toujours lieu vers l'E. Ces gîtes manganifères se rapportent tous à la même période de formation et sont identiques par leurs formes et leurs caractères dominants. Leurs affleurements sont caractérisés presque toujours par la présence de quartzites jaspoïdes plus ou moins rouges.

Les minerais se trouvent, en général, sur le mur ou sur le toit des couches de quartzites; et forment aussi, quelquefois, des veines ou des poches à l'intérieur de ces roches.

Ces quartzites paraissent être le résultat d'un métamorphisme spécial exercé sur les schistes encaissants.

Quelques fois — mais toujours en petite quantité — le fer oligiste et la barytine se trouvent associés aux minerais de manganèse. L'espèce prédominante dans tous ces gisements est la pyrolusite. Leur teneur chlorometrique moyenne est de 65° à 70°.

Ces gîtes n'arrivent, en général, qu'à de petites profondeurs. Ainsi on peut citer, comme un cas exceptionnel, la mine de Lagoas do Paço, dont la profondeur va presque à 36 mètres. Leur épaisseur est de quelques mètres seulement; mais leur longueur peut s'étendre quelques fois considérablement.

MINES DE CUIVRE

Les minerais de cuivre qui se rapportent aux feuilles n.ᵒˢ 26 et 32 se trouvent en filons dans les schistes et dans les diorites et se composent, presque essentiellement, de chalkopyrite. Aucun de ces gîtes n'a été encore l'objet d'une exploitation importante, et les travaux entrepris sur eux se sont réduits à de simples recherches.

MINES DE PLOMB

Les minerais de plomb, qui se rapportent à la feuille n.º 26, se trouvent en filons dans les schistes, dans les granites, dans les calcaires crystallins, et près de la jonction de ces roches avec les diorites, et se composent presque essentiellement de galène, quelques fois très argentifère. Les travaux entrepris sur ces gites n'ont pas un plus grand développement que ceux entrepris sur les gisements de cuivre, et leur exploitation est très peu importante.

MINES D'ANTIMOINE

Il n'y a qu'une mine d'antimoine qui se rapporte à la feuille n.º 32, laquelle est située dans le terrain métamorphique, près des diorites de Beja. On n'y a fait que de simples recherches.

Réseau pentagonal

Sur les feuilles n.º 26 et 32, sont tracés tous les cercles qui représentent les systèmes de montagnes traversant la péninsule ibérique, transportés parallèlement à eux mêmes au point de croisement des bissecteurs avec le primitif de Lisbonne, point qui tombe en Portugal et est situé: long. 10º 56' 18" 79 O. de Paris, lat. 39º 36' 56" 51 N. On n'a pas crû nécessaire de transporter les différents systèmes de montagnes au centre même des feuilles, car le point de réduction général est à peu près central, et, à cause de la petite étendue du pays, les différences d'orientation ne seraient que très peu importantes.

Les directions des systèmes de montagnes sont représentées par des traces formant une rose aux deux coins inférieurs des feuilles et amorcées à leurs bords.

Dans la rose est indiquée en dégrés et minutes la distance entre le point de réduction en Portugal et le cercle représentant le système dans le réseau.

Il n'y a qu'un cercle qui passe sur la feuille n.º 32, le trapezoédique T T *b b c*, représentant le système de Sancerrois.

Pour compléter les données sur le réseau pentagonal en Portugal, nous présentons le tableau suivant de l'orientation des systèmes de montagnes au point de réduction et la distance au cercle qui les réprésente dans le réseau.

Tableau des directions des divers systèmes de montagnes, transportées à Portugal (*)

SYSTÈMES	CERCLE CORRESPONDANT DU RÉSEAU PENTAGONAL	NOTATION DES CERCLES	ORIENTATION AU POINT DE RÉDUCTION	DISTANCE PERPENDICULAIRE
Pyrénées	Octaédrique		N. 80° 42′ 53″ .26 O.	3° 40′ 20″ .64
Finisterre	Trapezoédrique	T D b	N. 66 02 55 .15 E.	6 40 45 .37
Pays-Bas	Diametral	D a c	N. 72 48 16 .84 E.	8 36 35 .27
Ballons	Trapezoédrique	T D b	N. 87 08 32 .34 O.	13 27 04 .17
Morbihan	Trapezoédrique	T I a	N. 55 13 55 .91 O.	11 15 27 .22
Alpes principales	Hexatetraédrique	H b a a b	N. 64 22 54 .17 E.	2 59 18 .84
Mont Serrat	Diagonal	I b	N. 49 12 45 .52 O.	7 11 15 .65
Rhin	Primitif		N. 9 57 22 .48 E.	10 20 27 .46
Longmynd	Trapezoédrique	T a b c	N. 19 23 13 .43 E.	5 15 39 .76
Mont Seny	Bissecteur	D II	N. 27 26 27 .93 E.	5 24 54 .56
Ténare	Primitif		N. 26 31 34 .59 O.	16 53 04 .79
Thuringerwald	Primitif		N. 64 12 27 .77 O.	16 53 04 .79
Land's End	Primitif		N. 79 18 35 .16 E.	10 20 27 .46
Axe Volcanique	Dodecaédrique rhomboidal		N. 65 44 59 .02 E.	7 17 31 .93
Mont Viso	Trapezoédrique	J T	N. 33 17 20 .29 O.	12 42 05 .40
Forez	Diametral	D a c	N. 24 07 05 .05 O.	10 39 50 .38
Tatra	Trapezoédrique	T b	N. 73 20 31 .94 E.	5 06 01 .77
Erymanthe et Mermoucha	Hexatetraédrique	H a T T a	N. 50 57 48 .79 E.	5 22 48 .22
Alpes occidentales	Diametral	D c	N. 48 02 23 .11 E.	8 10 12 .29
Vercors	Trapezoédrique	T a	N. 1 47 13 .82 O.	10 52 36 .37
Nord d'Angleterre	Bissecteur	D II	N. 8 01 24 .97 O.	14 18 14 .73
Corse et Sardaigne	Trapezoédrique	T D b	N. 12 29 15 .42 O.	15 04 28 .15
Vendée	Trapezoédrique	T b	N. 27 18 45 .58 O.	9 01 19 .55
Sancerrois	Trapezoédrique	T T b b c	N. 57 08 35 .48 E.	1 55 00 .80
Primitif de Lisbonne	Primitif		N. 44 37 58 .82 E.	0 00 00 .00
Octaédrique de Mulchacen	Octaédrique		N. 10 01 09 .10 O.	3 40 20 .63
Côte d'or	Diametral	D a c	N. 38 18 18 .92 E.	2 01 31 .16

* Le point de réduction est situé lat. 39° 36′ 56″ .51 N., long. 10ʰ 56′ 18″ .79 O. de Paris, 0° 29′ 38″ .135 E. de Lisbonne